Communications between couples
determine 90% of savings.

貯金は「夫婦の会話」で9割決まる!

収入減でも
家計が
ラクになる
貯蓄術

横山光昭
（株式会社マイエフピー代表取締役、家計再生コンサルタント）

TOKYO NEWS BOOKS

はじめに

夫（妻）と話をしていると、突然、気まずくなったり、言い合いになったり。本当は前向きに話し合ったり、将来についての話をしたいのに、いつのまにか険悪な雰囲気になっている。その原因はなんなのでしょうか？

このようなパターンに陥るのは、特定のテーマについて夫婦で話をするときです。それは、多くの場合、「お金」について話すときです。思い当たる人もいるのではないでしょうか。もし、あなたが該当していたら、貯まらない夫婦と言わざるを得ません。

私は家計再生コンサルタントとして、これまで2万6000件以上の家計相談を受けてきました。20年以上にわたり赤字家計や貯金が増えない家計などの悩みに向き合い、再生をサポートしてきた経験から、お金が貯まる夫婦と貯まらない夫婦を分けるのは、

「夫婦の会話、コミュニケーションのとり方」にあると考えています。

詳しくは本書で述べますが、ひと言でいえば、夫婦のお金に関する価値観が合っているかどうかが重要なポイントになります。うまくコントロールしてその足並みが揃えばお金は貯まっていき、ズレたままでは貯まっていきません。

「そんなことより、収入が高いか低いかじゃないの？」と考える人もいるでしょう。しかし、必ずしもそうとは限りません。いくら世帯収入が高くても、夫婦の一方がその分、ムダ遣いを繰り返したり、貯める仕組みを作っていなかったりすると、貯まっていかないでしょう。

反対に世帯収入が低くても、夫婦のお金の価値観を一致させ、情報収集に励んだり、知恵を働かせたりしていけば、お金は貯められるようになるのです。

節約や投資も、夫婦のお金の価値観がかみ合ってこそ、パワーを生みます。かみ合わないまま節約や投資をしても長続きしないですし、投資では失敗を招きかねません。二人三脚の協力体制で臨めれば、何事もうまくいくわけです。そのベースとして夫婦の会話、コミュニケーションのあり方が大切になります。

家計改善のノウハウや節約、投資の方法を説いたマネー本は山のように存在します。私の著書も多数含まれています。

本書はそれらとは一線を画し、貯めるための「夫婦の会話」に焦点を当てました。長年のマネー相談を通じて得た、お金を呼び寄せるコミュニケーションを体系化した唯一無二のマネー本です。初めて明かす、お金が貯まる「夫婦の会話」のノウハウをご覧ください。

2024年2月

家計再生コンサルタント　横山光昭

貯金は「夫婦の会話」で9割決まる！　目次

Chapter 01

第2章「貯まる夫婦」「貯まらない夫婦」を分ける習慣

Chapter 02

第3章「家計のやりくり」で盲点になりがちなこと

※文中にある各統計や料金は2024年2月現在のものです。最新のものは各出典元や企業のホームページなどでご確認ください。

Chapter 03

第1章

Chapter

01

「夫婦の会話」次第でお金は貯まる！

同じ年収で同じような生活をしている知り合いの世帯と、貯金の面で大きな差が出ることがあります。どうやらその差は、「夫婦の会話」にありそうです。自分たち夫婦はどちらに当てはまりますか？

お金の話になると ケンカになる夫婦、ならない夫婦……その差は？

Chapter 01

1

貯金や家計管理の話をしようとすると、のらりくらりと逃げる夫。その態度にイラッときて、「ちゃんと聞いてよ！」と妻が言うと、「うるさいな！」と言い返されて夫婦ゲンカに……。夫婦間で冷静にお金の話し合いをするためには、どうすればいいのでしょう？

「言い方」を変えれば、9割はもめなくなる!

「夫婦でお金の話をすると、すぐにケンカになる」という話は、私もよく耳にします。弊社の家計相談でも、「夫婦だけでは話し合いにならないから、利害関係のない人に見ていてほしい」という理由で、訪れるご夫婦が少なくありません。

将来を考えれば、お金の問題は真剣に話し合うことが不可欠です。ただ、夫婦のどちらかが無関心だったり、いい加減だったりすると、一方はついキツい言い方をしてしまいがち。冷静に話し合うためには、〝言い方〟を変えることも大切です。

妻が真剣に考え、夫がいい加減でケンカになるパターンでよく見られるのは、話を持ちかけたのに、夫が面倒くさがって応じないことです。**これを解決するポイントは、本題ではなく、軽い話題から始めること。それも、「ちょっと得しそうな話」から始めるといいでしょう。**

そうした軽い話から始めると、いつもは面倒くさがる夫も話に乗ってきやすくなります。

軽い話題で会話のきっかけをつかんだら、その流れで貯金や生命保険などの本題を持ちかけてみましょう。そうすれば、夫も「いま、忙しいから」とは言いにくくなるはずです。

大切なのは、どんな話題に関しても「相談」のスタンスで臨むこと。

「生命保険に入ることにしたから」「今月から小遣いを1万円減らします」と、相談なしに結論を押しつけたら、誰だって反発したくなります。

「生命保険に入りたいと思うんだけど、この特約どうかな？　意見を聞かせて」「今年は教育費も思ったよりかかりそう。小遣いを少し減らせると助かるんだけど、相談に乗ってもらえないかな？」などと、相談を持ちかける形をとりましょう。

そうすれば、相手もスムーズに話し合いに応じるでしょう。

「小遣いの減額」など、自分が使えるお金が少なくなることには反発するかもしれませんが、少なくとも、聞く耳を持ってくれる可能性はあります。

「反対意見」を通すためのコツとは？

話し合いをするなかで、相手の提案に対して反対したくなることもあるでしょう。

たとえば、相手が提案してきた医療保険に対して、あなたが「高すぎる」と感じたとします。

しかし、理由も聞かないで、「国の高額療養費制度もあるのに、高い保険に入るなんてムダ」「それよりまず貯金でしょ？」などと言って、頭ごなしに反対したら、相手も良い気分はしません。

こうした場合には、**まず、相手の考えを受け止めます。医療保険を「たしかに必要だよね」と同調します。その上で、「医療保険の金額を下げてもいい」と思えるような、代わりの案を出して、説得するのです。**

たとえば、「掛け捨ての医療保険に月６０００円支払うなら、医療保険に払うのは月４０００円にして、残りの２０００円を貯金するのはどう？　そうすれば、病気にならなかった時でも毎月２０００円貯めたお金が残る。万が一病気になったら、その貯金からまかなえばいい」などと、提案するわけです。

とくに男性を説得するときには、数字を示せば納得する確率が上がります。

以上のように、言い方を工夫すれば、ケンカをすることなく、話し合いができるようになるはずです。

お金の話をするときに必要な会話の切り出し方

うまくいかない会話例

いきなりお金の話を始める

「今年はお金がかかりそうだから、お小遣いを減らしたい」

「いま、忙しいからあとにして」「お金、お金ってうるさいよ」

「でも、実際、生活費上がってる！小遣いを減らすしかないよ」

「なんでそうなるの？絶対イヤ！」

「そんなに怒らないでもいいのに！」

うまくいく会話例

軽い話題から相談ベースで話を始める

「今年は上の子も、いよいよ小学校だね」

「そうだね」

「洋服、持ち物とか、教育費がかかりそうなんだよね」

「まあ、かかるよね」

「お互いの小遣いを半年だけ、下げられないかな？」

「しかたないか。それくらいの期間なら…」

「子どものためだから、お互い、頑張ろうね」

「わかったよ」

夫婦でお金の話をしても、嫌がられない“タイミング”とは？

Chapter 01

2

「家のことなんだけど……」「車の支払いってさ……」。お金の話を始めると、パートナーにイラッとされる。または、パートナーがため息混じりに話し始める。こんな気まずい空気で話しても、建設的な意見は出にくいもの。前向きな話にはタイミングが関係するようです。

2 「平日の夜」や「週末」が話しやすくない理由

「夫婦でお金の話をするタイミング」というと、平日の夜か週末が適当だと思いがちです。しかし、平日の夜は一方が「仕事で疲れているから週末にでも」となりやすく、週末は週末で「今日はのんびりしたいから、また今度」となりがち。

このように堂々巡りになると、話を持ちかけたほうは「いつなら話せるの？」とイライラしますよね。言われたほうも「うるさいな、こっちも疲れている！」と険悪なムードに。

これを繰り返すと、お金の話をしなくなってしまいます。

円満にお金の話をするためには、いつ話を持ちかけるべきでしょうか？

理想的なのは、月1回、20〜30分程度でも、定例の「マネー会議」をすることです。

「それこそ面倒くさがられるのでは？」と思うかもしれませんが、予想に反して快諾してくれることがあります。

なぜかというと、パートナーがお金の話を先送りにしたがる理由の多くは、〝急に〟話を持ちかけるから。

心と頭の準備ができていないため、「後回しにしたい」心理が働きます。

それに対し、**定例にすれば心と頭の準備ができるので、そこまで嫌がられないのです。**

また、毎月20～30分でも話し合っておけば、話さなければいけないことをためこまずにすみます。

何時間も話す必要もなく、〝面倒なイメージ〟はますますなくなるわけです。

話し合うときはテレビをつけるよりも……

もちろん、**それすら面倒に感じるパートナーもいるでしょう。**そんな相手に対しては、**「話し合いたい内容を具体的にまとめて、日中にLINEなどで送っておく」こと**をおすすめします。

たとえば、「マイホーム購入のための貯金の件だけど、月5万円ずつ貯めていこうと思う。5万円でいいか考えておいて」などと送っておくのです。

ポイントは「貯金の件、どうする?」と抽象的に聞くのではなく、「5万円ずつ貯める」など、具体的な案を示すこと。すると、相手は考えやすくなります。

もうひとつのポイントは、すぐに答えを求めずに「考える時間」を設けることです。
そうすれば、仕事帰りの電車内など、時間のあるときに考えておいてくれるでしょう。

ここまでお膳立てしてから、相手の帰宅後に、「貯金の件だけど……」と持ちかければ、急に相談したときよりも嫌がられることはなくなるはずです。

また、**話しかけるときには、テレビではなく、音楽を流しておく**といいでしょう。
テレビを見ていると、そちらに意識が集中するので、話しかけると億劫《おっくう》になることもありますが、音楽なら意識を集中しない分、会話はしやすいでしょう。

お金の話がしやすくなる会話のタイミングとは？

一見、
よさそうだけど
ダメなタイミング

平日の夜、週末

急に言うと後回しにしたい心理や、
時間がかかりそうな心理が
働くから

「疲れているから、
休みの日にでも」

「休日くらいのんびりしたいよ」

お金の話が
しやすくなる
タイミング

「月１回」「30分」と決める

事前に日にちも時間もわかる
安心感から
話すハードルが下がるから

「今月はそこまで話すこと
ないから20分でいいね」

「来月は出張が多いから、
今月は長めにやっておこう」

Chapter 01

3

「平均は4万557円？」夫婦でもめない“小遣い”の決め方

家計の金額を設定する上で意外に悩ましいのが、夫婦それぞれが使える小遣いの額。どのように決めれば、お互いが納得できるのでしょうか。大きなポイントは、「小遣いに含む費用」をどうするか。これは、「お互いの性格」が関係しているようです。

30代会社員の小遣い平均額は？

世の中の大人の小遣いは、どれくらいなのか。

新生銀行の『２０２３年会社員の小遣い調査』によると、男性会社員の平均額は20代が４万６４５３円、30代が３万７１７８円、40代が４万８０１円。男性の平均は４万５５７円でした。

女性会社員の平均額は20代が３万９９８０円、30代が３万４１５５円、40代が３万５８１０円、女性の平均は３万５００１円という結果が出ました。

適正な額は世帯年収や家族構成によって異なりますから、平均値の小遣い額がいいとは言えません。夫婦が互いに納得のいく金額に決めることが大切です。

金額を決めるときの最初のステップは、収入から貯蓄と生活費を引いて、余った金額から考えることです。

そうしないと、家計を度外視した金額になってしまいます。

これは当たり前のような話ですが、家計相談をする上で意外とできていない夫婦は多く、まずはそこから始めます。小遣いの「元手」を把握してから、金額を決めていきましょう。

ポイントは「どの費用まで含まれるか」、夫婦の定義を合わせることです。

前述の調査では、小遣いの使い道は、「飲み代」「遊興費」「嗜好品代」といった項目があるいっぽうで、「昼食費」「スマホ代」「車関係・ガソリン代」「ファッション費用」など、家庭によっては小遣いに含めない項目もありました。

何を小遣いでまかなうか、夫婦で価値観が異なると不満の種になります。

曖昧にせず、「スマホ代は小遣いでまかなう」「ヘアカット代やガソリン代は生活費から」など、費用ごとの定義を話し合いましょう。

こうすれば、納得のいく金額と使い道をはじき出せます。

やりくり上手には「多めに渡す」とうまくいく

小遣いでまかなう範囲と金額は、パートナーのキャラクターに合わせて変えてもいいでしょう。

例えばやりくりが苦手なパートナーは、まとまったお金を渡してもうまくやりくりができず、ムダ遣いしがち。

そういう場合は、「昼食代と遊興費だけを小遣いでまかなってほしい」「スマホの通信料は生活費で」というように、範囲を減らしたほうがいいでしょう。

やりくり上手なパートナーなら、「スマホの通信料も小遣いから払って」と範囲を広げて、その分、金額を増額して渡したほうがいいかもしれません。 すると、通信料の安いスマートフォンに替えたり、クーポンを活用したり、と工夫するようになります。家計にとってもいい影響が出てくるでしょう。

個性によってもやり方を変えることで、より納得のいく小遣いの金額が設定できるはずです。

「夫婦の小遣い」について
もめない金額の決め方

01

家計で余ったお金から
額を決める

02

どの費用まで小遣いに
含まれるか検討する

03

（やりくり上手な相手なら）
金額は多めに設定する

家計に無関心のパートナーが積極的になる“会話”の分かれ目

Chapter 01

4

家計の見直しについて話そうといっても、「また今度にしよう」とはぐらかされる。お金のこと、パートナーにも考えてほしいのに、協力してくれない……そんな夫婦も多いはず。でも、「あること」に目を向ければ協力的になるかもしれません。

Chapter 01

4

自分が「苦手な作業」を助けてもらう姿勢を見せる

お金のやりくりをパートナーに協力してもらうために、私がおすすめするのは、「自分が苦手なこと」に目を向けることです。

「家計簿をつける」「マネープランを立てる」「お金を運用する」……お金を上手にやりくりするには、様々なことを考えて実行する必要があります。

お金に対する意識が高い人は、すべて自分で行うかもしれません。でも、なかには苦手だと感じること、うまくいかないこと、興味がわかないことだってあるでしょう。例えば「家計簿ソフトを使うのが苦手」「資産運用は興味がない」など、積極的になれない作業があるはずです。それをパートナーに思いきって任せてみるのです。

ポイントは「自分は苦手なので、助けてほしい」という姿勢を示すこと。「私には難しいので、力を貸してほしい」「私がやるとうまくいかない。相談させて」などと言えばいいわけですね。

弱みをさらけ出せば家計はうまく回っていく

「私のパートナーがやるはずがないですよ」「夫はできないと思います」

仕事を任せる提案をすると、そう思う人は少なくないでしょう。

しかし、人は頼られると悪い気はしないもの。

「面倒くさいな」などと言いながら、意外と協力してくれる可能性があります。

「私にはできない……」と弱みを見せれば、なおさらやる気を出す人も少なくはありません。

「パートナーの一方が自分のダメさをさらけ出して、相手に甘える」夫婦は、意外とお金のやりくりがうまくいく傾向があります。

先日、家計相談に訪れたあるご夫婦がその典型でした。

「家計簿をエクセルで自作しよう」という話になったのですが、「私できないから、やって」「入力も間違えるから、お願い」と妻が頼りまくるのに対し、夫は嫌な顔をすることなく引き受けていました。

真相はわかりませんが、妻は苦手なのではなく、ダメな部分をつくって夫を巻き込んでいるのではないか、という印象も受けました。

そうした「スキ」をつくることが、パートナーを協力的にするコツと言えます。

「パートナーに任せられない」なら、少しずつ頼めばいいでしょう。

例えば、資産運用をするなら、運用資金の一部だけを任せるのです。

それで、目に見える成果が出れば、パートナーは自信を持ちます。

すると、家計について興味が出てきて、より協力的になるかもしれません。

自分が苦手で、パートナーにお願いできそうなことは何か？　をぜひ探してみてください。

お金に無関心のパートナーをうまく巻き込む話し方

うまくいかない
会話例

とにかく関心を持ってほしいと思って話す

「ネットバンキングは管理してくれる？」「NISAの件は任せるよ」

「イヤだよ、面倒だし」
「そっちでやってよ」

うまくいく
会話例

自分が苦手とアピールして頼りたいと伝える

「ネットが苦手だから、ここだけお願いしてもいい？　助けて！」

「しかたないな、その代わり保険のことは調べておいてね」

Chapter 01

5

最新家電を拒否する夫。どうすれば説得できる？

全自動ロボット掃除機やAI搭載の冷蔵庫など、進化する最新家電。我が家にも1台欲しい！　だけど、パートナーに「そんな高い家電は必要？」と言われて、ガマン……。最新家電を拒否するパートナーを説得するには、どうしたらいいでしょう？

省力化した最新家電は便利でお得なのに

部屋の最適な温度や湿度をAIが自動的に判断するエアコン、スマートフォンで外からでも操作できる冷蔵庫……。

最近の家電製品はとても便利。横山家でも、その効果を実感しています。

例えば、洗濯機は乾燥機能が優れたドラム式洗濯機に買い替えたことで、洗濯物がすぐに乾くように。子どもが5人いるので(正確には6人ですが、1人は巣立っていきました)、洗濯物の量がハンパではありません。

部屋干しの季節は6~7割ほど乾かしてから干さないと効率よく洗濯ができません。

共働きでもあり、少しでも手間が減って大変助かっています。**最近の家電は省エネ性能が高いことも大きな特徴です。**

例えば、AIによって冷蔵庫の中身や部屋の状況などを判断し、消費電力を最小限に抑えることで、電気代が大きく減少。

なかには、従来品と比べて2割も電気代が下がる製品も。

月々数百円の節約だとしても、すぐに1万円以上の節約ができます。

5 買うのを拒む相手を説得するには「数字」を使う

このように、最新家電は「時間」と「お金」を大きく節約してくれますが、「そんなものは必要ない」と、首を縦に振らないパートナーもいます。

おそらく最も多いのは、専業主婦のパートナー（夫）が拒否するパターンでしょう。

家事の手間が省ければ、ほかのことに時間を割けるようになり、家族全体から見てもいいはずなのですが、なかなか理解されません。

ふだん家事をしない人ほど、最新家電のありがたみがわからないものです。

どうすれば、最新家電を買いたがらないパートナーを説得できるでしょうか？

必要なのは、「数字で説得」することです。

いくらお金や時間の節約になるといっても、その効果を具体的に証明しないと、相手は納得してくれません。

最も数字で効果を示しやすいのは「電気代が下がること」です。

家電製品のパンフレットやウェブサイトを見ると、たいてい「従来品と比べて、20〜30%省エネ」「年間の電気代が3万円以上浮く」など、省エネになる目安が、数字で示されています。

とくに男性の場合は、数字で判断する人が多いので、「これなら1年で元が取れそうだ。買い替えてもいいかもしれない」と思う可能性は高まるでしょう。

また、パートナーによっては、買い物ついでに家電量販店に付き添ってもらうのもいいかもしれません。自分が説明するよりも、店員に説明してもらったほうが、聞く耳を持ってくれることもありますから。

新しい家電の購入を拒否するパートナーを説得する会話のしかた

うまくいかない会話例

「便利だし新しいのに買い替えよう」
「同僚のAも家電買ったらしいよ」

「まだ動いているよ」
「よそは関係ないでしょ」

「でも、実際動きが悪いしさ」

「まあ、壊れたときに考えればいいんじゃない」

「うーん……」

相手が思わずうなずく会話例

「便利だし新しいのに買い替えよう」
「同僚のAも家電買ったらしいよ」

「まだ動いているよ」
「よそは関係ないでしょ」

「そうかぁ。ところでいま電気代って月いくら？」

「冬は寒かったから月３万円くらいかな」

「このエアコンに替えると月5000円は得するみたい」

「それなら、ネットで見てみようかな」

お金が貯まらない夫婦に共通する「言ってはいけない」口グセ

Chapter 01 6

お金が貯まる夫婦になるには、どうしたらいいでしょう？　そのためには、逆に、お金が貯まらない夫婦の言動に注目してみるのもひとつの方法です。2万6000件を超える家計相談をしてきたからこそ見えてきた、貯まらない夫婦に共通する口グセとは？

6

「定価で買うのは損」という発想がダメな理由

お金が貯まらない夫婦は、似たような口グセがあります。

共働きで収入が多かったとしても、その口グセや言い方をする夫婦はお金が貯まりません。以下、その典型例を紹介しましょう。

1.「コンビニで（定価の）ジュースを買うのはやめなよ！」

飲み物やお菓子など、相手のこまごまとした出費のムダを指摘し、数十円の節約をするように迫る……。家計相談をしている最中に、パートナーに対して、こうした指摘をし始める人がいます。たしかに一理ある主張のように思えます。

しかし、パートナーの細かい出費を指摘する夫婦はたいがい、お金が貯まりません。

その指摘は、本当に貯金ができない問題を解決するためではなく、〝相手を責めたてて〟自分を正当化するためのケースが多いからです。

言われたパートナーの方もその意図を感じ取りますから、素直に聞き入れようとしません。

「そっちだってムダな出費をしているじゃない？」と反撃し始めることも。そのうちケンカになり、お金を貯める話し合いは一切なく終わる、というパターンです。

2.「私のほうが生活費を多く払っている。そっちは少ししか払っていないじゃないか」

こちらは、共働きの夫婦にありがちな会話。

夫婦間で財布を別々にしていると、「自分のほうが多く払っている」ことで言い合いになりがちです。それなら、現在の収入と支出を洗い出して、出費を分ければすむ話ですが、なぜか文句を言っている人もその提案はしません。

きちんと分けると、自由に使えるお金が減る可能性があるからです。

このような「自分のほうが多く払っている」というセリフが出るときも、**多くの場合は相手を責めることで、自分を正当化しようとしているだけ。前向きな話をしようとしているわけではないのです。**

3.「お金がないから、旅行ができない」

「お金がないから、○○できない」とグチを吐く人がいます。

夫婦の場合は、どちらかではなく、２人揃って言うことが多いと感じます。

しかし、そういう口グセがある夫婦は、お金が貯まりにくいといえます。「お金がないと何もできない」と自分自身に言い聞かせているだけで、貯める工夫を放棄しているからです。

それに対し、**お金が貯まる夫婦は「お金がないから、別のことをしよう」と言います。**

すると、「お金がないから（旅行ではなく）テントを買って、デイキャンプをしよう」というように、アイデアを出して楽しむようになります。こういうタイプは、出費についても工夫できるので、結果的にお金が貯まる仕組みを作っていくことができるのです。

4.「1年間で100万円貯めなくてはいけない」

例えば「100万円貯めなくてはいけない」という口グセがある人も、お金が貯まりにくい傾向があります。一見、ストイックのようですが、途中で挫折する人が多い印象です。

おそらく、自分で自分を勝手に追い込むあまり、日々の節約がイヤになってしまうのでしょう。お金が貯まる人はムリのない範囲で貯金に取り組みます。だから息切れすることなく、お金が貯まるのです。以上のような口グセや物言いを続けていると、いつまで経ってもお金が貯まりません。

心当たりがある人は、今日からでも直しましょう！

「うちは貧乏かも」そう感じる夫婦がよく口にする決定的な言葉がある

Chapter 01

7

我が家は貧乏なのか、そうでないのか。多くは世帯収入を判断基準にするでしょう。収入に関係なく、貧乏か否かを判定するのに、ひとつの口グセだけでもわかります。もし、当てはまる言葉をふだんから使っていたら、要注意です！

7 当たり前の「基準」ができなくなったときに実感

昔はふつうにできていた物事ができなくなった。やりたくても金銭的な余裕がなくなってしまった。ついつい漏らしてしまう、「昔はさ〜」という言葉が口グセになっていませんか？

自分が当たり前とする姿には「基準」があり、その基準を上回れない経済状態に陥ると、貧乏を自覚する人が少なくないと思います。

買い物、レジャー、外食など、昔の当たり前ができない状況に直面すると、精神的にもつらいもの。悲しい気持ちになりますよね。

ただ、その基準は一定ではありません。人によってバラバラです。

顕著な例として2組の相談者を見ていきましょう。

1組目は意識消沈した様子で、訪ねてきたご夫婦です。

理由を聞いてみると、「炊飯器が壊れてしまったのに、新しいのが買えないんです……」とこぼされました。

相談を受けた当時でも安いものなら1万円以下の値段です。高い買い物ではないのに、それが買えないとは家計が相当苦しかったのでしょう。

家計改善のアドバイスをして相談を終えましたが、いま思えば炊飯器に固執する必要はなく、鍋を使えばお米を炊くことは可能です。

昔の当たり前ができなくなると、そういった知恵が働かなくなってしまうのも問題なのかもしれません。

2組目は、きらびやかないで立ちで現れた女性です。

家計相談とは無縁そうに見えたのですが、「独身時代に比べて、毎月のやりくりが大変で……」と言います。こちらも訳ありだと思って事情を聞くと、度を超えた金銭感覚に驚かされました。

その奥様は裕福な家庭の育ちでした。学生時代から父親が口座残高をつねに100万円にしておいてくれたとか。当然ながらお金には不自由せず、買い物や旅行などの趣味を楽しんでいたそうです。

ところが結婚してからはそうはいかず、夫の収入内の生活に。といっても月収80万円で、稼ぎはかなりいいほうです。

にもかかわらず、昔の当たり前が頭の中にあるため、「お金が足りなくて、生活が苦しいんです」と嘆いておられました。

どちらも貧乏に感じているのは同じですが、その姿は大きく違います。

当たり前の基準が人それぞれ異なることをおわかりいただけたと思います。

究極の貧乏体質は「当たり前の基準がない人」

当たり前の基準があれば、それができない今の自分の状況を反省して「貧乏脱出」のために前を向けるはずです。しかしそうならない人もいます。当たり前の「基準がない」ケースです。

基準を持たなければ、上限なくお金を浪費します。

当たり前の基準がないので現状に満足せず、必要以上に何でも欲します。

よく言えば、貪欲なのかもしれません。人間味に溢れ、率直に生きているわけです。しかし、制限なくお金を使っていたら、行き着くところは目に見えています。浪費が止まらない究極の貧乏体質といえるでしょう。

皆さんに、「当たり前の基準」はありますか？　なかったら要注意ですよ。

浪費グセのある夫や妻に「ムダ遣いやめて」は逆効果

夫婦のどちらかが節約したり、投資に積極的だったりしても、パートナーに浪費グセがあると、お金は貯まっていきません。お金の使い方でスレ違う夫婦は、どのようにすれば「ムダ遣い」の壁を超えて、貯金夫婦になれるのでしょうか。

8

支出の中で「浪費OK」にしていい理想の金額とは？

自分の趣味についてはお金をつぎ込んでしまう。スーパーに買い物に行けば、つい高い食材を買ってしまう。散財するパートナーを見ていると、倹約する側は腹が立って、文句を言いたくなる気持ちも理解できます。

しかし、パートナーの浪費グセを責めるのは逆効果です。相手もその言い分に息苦しさを感じて、キレることも。これでは、いい提案をしても聞き入れてもらえません。相手の浪費を抑えたいなら、「聞き入れてもらう言い方」を工夫しましょう。

まず大切なのは、パートナーの浪費をすべて否定しないで「一部を認める」ことです。私は家計の支出を「消・浪・投（消費・浪費・投資）」の3つのモノサシで分けることをすすめています。「消費」は生活に必要なお金、「浪費」は生活に直接必要のないお金、「投資」は将来のためのお金、と定義しています。

この「消・浪・投」の理想的な割合は、消費70％、浪費5％、投資25％です。浪費をゼロにすると、ふだんの楽しみや自由がなくなり、犠牲にしてまでする貯金がイヤになりがちです。

それでもムリなら「共通のメリット」を伝えてみる

以上のことをパートナーに伝えたら、改めて、どのくらい浪費をしているか、数字で見せましょう。1カ月の支出を消費と浪費と投資の3つに分け、割合を数字で示します。

さらに1カ月の収支や貯金額などを見せれば、浪費グセのあるパートナーも「お金の使いすぎ」をハッキリ理解するでしょう。

責めることなく、現実を説明すれば、パートナーもデータを見てくれるはずです。

ただ、「貯金をしよう」というだけでは、浪費家のパートナーが納得しないケースがあるかもしれません。おすすめは、共通の目標をつくることです。

例えば「貯まったお金で旅行に行く」「新車の頭金にする」など、目標を設定するわけです。

節約のメリットが見えれば、モチベーションが上がります。相手にとってもメリットのある提案をするのが、夫婦の足並みを揃える秘訣です。

ムダ遣いの多いパートナーの浪費をなんとかする方法

ダメな話し方

「お金使いすぎ！
なんとかしてよ」

「じゃあ自分はどうなんだよ！」

「切り詰めているよ」

「この前も高そうな
加湿器買ってたよね」

「あれは家族のためでしょ！」

「それは都合よすぎな
話じゃない？」

いい話し方

「ちょっと家計が
厳しいんだよね」

「うーん。そうかもね」

「『消浪投』っていう考え方が
あってそれを実践したい」

「どういうこと？」

「お金の使い方を消費、浪費、投資
に分けて考える方法で、割合を70%、
5%、25%にするんだって」

「浪費をなくすって
ことではないんだね！」

土日に「しない夫婦」がお金が貯まらなくなる決定的理由

Chapter 01

9

「休日は何もしていませんよ」という夫婦もいるでしょう。しかし、「休日にするか、しないか」は、家計破綻の分かれ目だと言います。では、いったい、何をすべきなのでしょうか。答えは意外にも、永遠のテーマになりそうな、「アレ」でした。

9 「夫婦仲良くショッピングセンター」がダメなわけ

家計相談をするお客様のなかには、休日になると夫婦別行動という方もいます。ある夫婦の場合は、パートナーは野球好きで自分は某アイドルの追っかけと趣味が異なり、結果的に互いに趣味でつながる友人と行動していました。

土日をどう過ごすかは個々の自由です。必ずしも、パートナーと行動をともにする必要はありません。

しかし、家計的にはどうでしょう。夫婦が別々の物事にお金を使っていたら、支出はダブルでかかります。負担が重くなるのは避けられないでしょう。

家計にやさしいのは、休日を一緒に過ごす夫婦です。ただ、行動をともにするだけでは家計負担は軽くなりません。むしろ、一緒にいることがマイナスに働く場合もあります。

典型的なのが、夫婦で近場のショッピングセンターに出かけるケースです。休日になると「今日どうする？」「用はないけど、ショッピングセンターにでも買い物に行こうか」「そうね、遠出はお金かかるし、家にいても暇だしね」といった会話から始まるのではないでしょうか。

店内を夫婦でブラブラ。買う気はなくても、商品を見ていると欲しくなって、ついレジへ。気づけばお昼でランチをとり、歩き疲れたらカフェでひと休みと、出費はかさんでいきます。結局、近場のショッピングセンターならお金はかからないと思って足を運んだつもりが、１日の支出がレジャー費より高くなってしまう。

インドア派の〝貯まる夫婦〟が休日に２人ですること

そんな貯まらない夫婦に対し、**貯まる夫婦は土日の過ごし方が違います。共通の趣味を持ち、休日は一緒にその趣味にあてるのがひとつの姿です。**

たとえば、共通の趣味をキャンプとしましょう。まず行き先や予算などを決めますが、２人で計画を立てれば効率的なプランができ、出費も必要最低限に抑えられます。

純粋にキャンプのみにお金を投じ、夫婦で楽しい時間を過ごせるのです。また、キャンプに限らずですが、熱中していくと次第に「次はこれを買いたい」「あれが欲しい」など趣味のものを揃えたくなります。趣味が同じ夫婦だと、買いたいものがあったとき、目標に向かって協力をするようになって、貯める力も身につきやすいでしょう。

また、外出せず家にいても、貯まる夫婦の休日はちょっと違います。家計相談で事情を聞くと、夫婦ともにキレイ好きで、週末の掃除や整理整頓を欠かさないそうです。

貯まる夫婦ほど部屋の中は片づけられ、棚や押し入れ、冷蔵庫の中などの収納もスッキリしています。ムダを省いて必要なものだけで生活する暮らしぶりです。

逆に家の中が散らかり放題だと、必要なものと不要なものの判別がつかず、ムダな買い物も繰り返すことに。ゴチャついた家にいると落ち着かないため、外に出かけて浪費することにもなりかねません。

夫婦の週末の行動は家計に直結します。改めて、休日の過ごし方を考えてみてはいかがでしょうか。

休日の会話で「貯まる力」が蓄積される

貯まらない会話

「今日はどうしようっか？」

「とくに決めてなかったけど、買い物にでも行く？」

「そうね、遠出もできないし、家にいても暇だしね」

「じゃあ、準備して行こうか」

▼

とくに必要のないものを購入しがち。高くなくてもムダな出費になり、あとで家計に響いてくる

貯まる会話

「今日はどうしようっか？」

「とくに決めてなかったけど、夏に行くキャンプの予定でも立てる？」

「そうね、新しく必要なツールを探そうかな」

「そうしよう。行く場所や予算も少し考えようか」

▼

目的があるから楽しみながら会話ができて、計画を立てることで予算管理もしっかりできる

横山家の“子どもに伝えている”マネー教育トーク1

「お年玉」は金銭感覚を養う「重要な教材」になる

私はお小遣いを「子どもが計画的にお金を使えるようにする格好の教材」だと、考えています。自分の欲しいものをできるだけ多く買うために、お小遣いをやりくりすることで、計画性が養われるからです。そこで、横山家では、年始にお年玉をもらったら、「その一部」だけを子どもたちに渡すようにしています。

月々のお小遣いは小学生だと数百円程度が多いので、お菓子や文房具など小額のものは買えますが、ゲームソフトや洋服や関連する小物のような数千円レベルの高額なものはお金を貯めないとなかなか買えません。そこで、高額なものを自分の判断で買えるように、お年玉をもらったときにその一部を渡すのです。

具体的には、年始めに「これから欲しくて買いたくなるだろうもの」があるかどうかを聞きます。そして、お年玉から、その分のお金だけを渡します。たとえば、お年玉の合計が5万円で、1万円分の欲しいものがあったとしたら、1万円を渡して、残りの4万円は貯金に回します。

どこまでお年玉を渡すかは、子どもの年齢に応じて柔軟に決めます。「ゲーム機のコントローラーが壊れかけているようだけど、大丈夫?」と、子どもが気づきにくい出費があれば、親からアドバイスします。

あとは、自由にお金を使って構いません。横山家では、高額な買い物をしたいときは月1回の家族会議で申告するルールがありますが、1月に1万円の買い物をすることがあっても、本人がそうしたいなら止めません。2月以降に「1月に全部(1万円)使わなければ良かった」と後悔することも、良い経験になるからです。この方法で、子どもたちは計画的にお金を使えるようになっています。

第2章

Chapter

02

「貯まる夫婦」「貯まらない夫婦」を分ける習慣

貯まる会話ができるようになれば、あとはふだんの習慣を変えてみればいいだけ。買い物のしかたや洗濯機を回すタイミングなど、ちょっとしたことを変えれば自然と貯金ができるようになります。

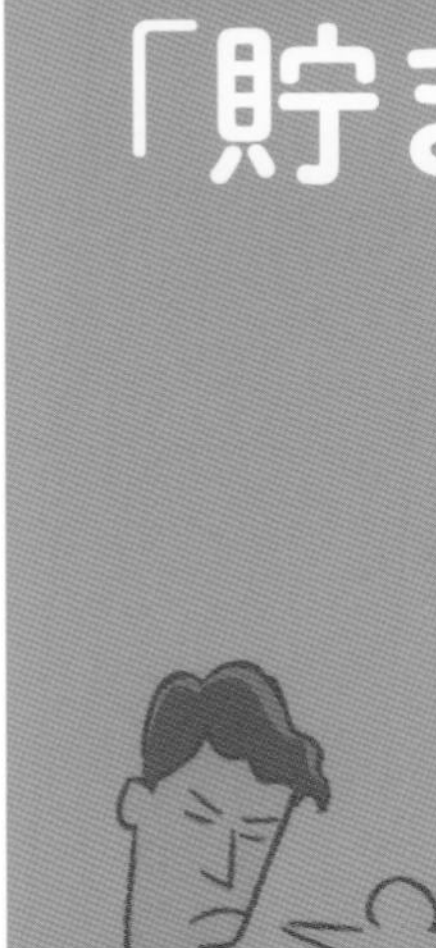

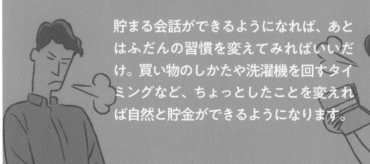

「散財タイプでない」が、お金が貯まりにくい夫婦の特徴

Chapter 02

1

家計相談をしていると、「このご夫婦はお金が貯まりにくい」と、見抜けるポイントがあります。でも、ちょっとした「声かけ」で、夫婦のマインドが変わり貯金体質に向かっていけるようです。この声かけ、効果は大きいですよ。

「なんとかなるでしょ?」と楽観するほど危険

お金が貯まりにくい夫婦の特徴は、「ご主人か奥様、どちらかしか家計を把握していない」ケースです。この場合、把握していない側は家計管理や節約などに非協力的な場合が多く見られます。ですが、非協力的といっても、「後先考えずにお金を使って貯金ゼロ」という破天荒な人は意外と少数派。

最も多いのは、「お金のことは何とかなるんじゃないの?」と、楽観的に構えるタイプです。しかし、夫婦のどちらかがそのようなマインドだと、お金はなかなか貯まりません。とくに夫婦で財布を別にしている場合は、片方が節約していても、片方がムダ遣いをして、節約を台なしにすることがよくあります。お互いのお金の使い方がわからないので、歯止めが利かないのです。

また、「パートナーが貯金をしている(だろう)から大丈夫」などと考えて、一方が貯金意識に乏しく、結果、貯金がほぼゼロだった夫婦もいます。将来のためにお金を貯めたいなら、夫婦の足並みを揃えることが先決です。

Chapter 02

1

夫婦の「財布をひとつ」にすることが第一歩

お金に関して、夫婦の足並みを揃える上で最も効果的なのは「財布をひとつにして、自由になるお金の範囲を狭めること」。しかし、いきなりそれを持ちかけると、相手は拒否反応を示します。

まずは、「お金はなんとかなる」と思っているパートナーに、「もしかして、なんとかならないのでは？」と、危機感を抱いてもらうことが重要です。そのために大切なのは、家計の現状と将来必要になるお金を数字で見せることです。

「支出がかなり多い」「貯金額はいくら」「将来、教育費でまとまったお金が必要になる」などが分かって初めて、危機感を感じます。

「パートナーが安心してしまうから」と貯金額を内緒にしている人がいますが、かえって「たくさん貯まっていそうだから、なんとかなるでしょ」と思わせるケースもあり、注意が必要です。

お金に対する危機感を持ってほしい相手が夫だとしたら、「『投資』や『保険』の相談を持ちかける」と興味を示してくれることがあります。

一般的に男性はお金の〝節約話〟よりも、お金を〝増やす話〟に興味を持ちやすい傾向があります。そのため、「投資を始めてみようと思うんだけど、どう思う？」などと相談を持ちかけると、興味を持って調べ出す夫も多いようです。

また、保険に関しても、「いま入っている保険の保険料は妥当かな？」と話してみると、興味を持つこともあります。こうして投資や保険に興味を持ったら、家計全体にも関心が広がり、夫のほうが将来のシミュレーションを熱心にやり始めた、ということは少なくありません。

貯金をするための王道として、「夫婦の目標を設定すること」も重要です。「旅行に行くために、いつまでにいくら貯めよう」と目標を立てると、貯金に興味を示すことがあります。

パートナーが、「数値目標」があると途端にやる気を見せるタイプだとしたら、「1年後までに100万円貯める」というように、ゴールとなる金額を具体的に設定するのもいいでしょう。

お金が貯まりにくい夫婦にお勧めの3つの方法

01

夫婦の財布をひとつにする

→家計の現状が把握できるようになる

02

投資や保険の話を相談する

→お金を「増やす」話は興味を持ちやすい

03

テンションが上がる目標を設定する

→目標に向かって貯金に前向きになる

貯まる夫婦は「外食費」を夫に渡す。その効果がスゴすぎた件

Chapter 02

2

お金をたくさん貯められる夫婦は、パートナーのどちらかが強力な「巻き込み力」を持っています。これまで、数多くの家計相談を経験してきた私でも舌を巻くほどの「巻き込み力」とは、一体どのような能力なのでしょうか？

パパに任せなさい！
外食費はそれであなたが管理して！
ニヤ
管理して♡

2 「ロジカルな説得や強引な言い方」はうまくいかない

私のもとに家計相談に訪れる人は、必ずしもお金が貯められない人ばかりではありません「順調にお金を貯まっているけれど、もっといい方法を見つけたい」という、熱心な方が訪れることもあります。

貯蓄上手な夫婦と話すと、あることに気づきました。**それはお金を貯められる夫婦は、高い確率でパートナーのどちらかが、〝巻き込み力〟を持っていることです。**

「巻き込み力」といっても、ロジカルに説得したり、強引に言いくるめたりして、巻き込むのではありません。「先生がこう言うのだから、ちゃんとやりなさいよ！」といったキツい言い方もしません。さりげない戦略によって、いつの間にか巻き込んでしまうのです。

例えば、以前相談に来た女性Mさん。Mさんの家庭は外食代の予算を毎月1万円と決め、共通の財布から出していたそうです。しかし、ある時、共通の財布ではなく夫に1万円を渡して、「これからはあなたが外食費払ってね」と伝えました。

仮に月の外食費が1万円以下なら、その差額は夫のポケットマネーにしていいことにしました。夫にとっては魅力的な提案ですよね。

ところが、現実には意外なことが起きました。外食費が月1万円をオーバーしたとき、夫が「いいよ、いいよ～」と自分のポケットマネーから超過分を支払うようになったのです。

夫は「余れば小遣いになる」というリターンを得たことで、「超えたら、自分が差額を支払う」リスクを嫌がらなくなったのですね。じつに賢いやり方だと、私は感心しました。

この方法は外食費以外でも使えます。例えば、洋服代も共通の財布から出すのではなく、毎月定額にして、それぞれがやりくりするルールにする。そうすれば、想定外の出費になっても共通の財布は痛みません。

スマホ料金の節約で「夫も家計も」嬉しい仕組み

単に節約してもらおうとするのではなく、「努力次第で得する」仕組みにすることで、パートナーに気分よく節約してもらう方法はほかにもあります。

女性Kさんの例です。Kさんはスマホを格安キャリアに替えることで、夫のスマホ代を抑えたいと考えていました。ただ、ふつうに変更を頼めば、「面倒くさいし、キャリアを変えたくない」と夫が拒否反応を示すと考えました。

そこで、Kさんは「格安キャリアに変えたら、浮いた分の半分を小遣いに増額する」提案をしました。

例えば、月9000円払っていたのが、格安キャリアに乗り換えて月3000円になったとしましょう。浮いた6000円の半分（3000円）を毎月の小遣いに上乗せしていい、と伝えたのです。

Kさんの夫はこの提案を快諾し、格安キャリアに乗り換えました。

家計が楽になるのは月3000円分だけですが、それでも十分助かるわけです。

この方法を聞き、私も子どもたちに「スマホ料金を節約できたら、その金額を折半して小遣いにしてOK」と提案しました。

ここで取り上げた夫婦のようにうまくお金を貯めたいなら、相手がメリットを感じる提案をしたり、相手のよさを褒めたり、と「巻き込み力」を鍛えてみてはいかがでしょうか。

Chapter 02

3

お金が貯まらない夫婦に共通する「買い物」の法則

お金のムダ遣いが多い人は、「スーパーでの買い物のしかたに共通点がある」ことが見えてきました。実際、家計相談に訪れた夫婦に聞き取りをしたところ、３つの共通点が浮かび上がってきました。その「原因と対策」をセットにして公開します。

〝お金が貯まらない〟家庭の3条件

相談に訪れた夫婦にアンケートをとったところ、月々の食費を使いすぎる人は、スーパーマーケットの使い方に、3つの共通点があることがわかりました。

1．毎日スーパーに足を運んでいる

毎日スーパーに行くと、日々異なる食材の値段をチェックでき、安い日に安いものを買えるメリットがあります。しかし、行く回数が多いと「あれも美味しそう」「これも買っておこう」という機会も増え、ムダ遣いしやすい傾向に。デメリットがメリットをかき消してしまうのです。

2．宅配スーパーをよく利用する

非常に便利ですが、実店舗で買うよりも商品の値段が高いことが多く、割高です。ネット通販にありがちな衝動買いをすることも。「3000円以上買うと送料無料」といった料金設定を意識して、予定外のものを買いすぎる傾向もあります。

3．夕食の献立の計画性がなくて当日決める

「今日は何を食べたい」「魚がいいね」というように、日々、夕食の献立を考えるケースも、お金が貯

まらない夫婦の特徴です。メニューに必要な食材を買うために、毎日スーパーに足を運ぶことに。さらに、そのメニューにしか使えない食材を買って、食材をムダにしがちです。

週1～2回行くだけの人もココは注意！

逆に言えば、3つの共通点に当てはまらない行動を取れば、スーパーでのムダ遣いが減り、家計管理が上手になります。

具体的には次のポイントを心がけるといいでしょう。

1．スーパーに行くのを週1～2回に抑える

スーパーに行く回数を減らせば、あれこれ買いたい誘惑が減り、ムダ遣いが抑えられます。コストコのような、ロットの大きな商品を安く買えるスーパーでまとめ買いをするのもいいでしょう。

ただし、本当に食べきれるのかわからない量の食品を買って、消費期限切れになったり、飽きがきたりすることも多いので、気をつけましょう。

2．1週間の予算を決める

食費を抑えるには、1週間の予算を決めることが大切。横山家の場合、1週間の食費の予算を

1万5000円と決めてやりくりします。予算をオーバーした場合は、翌週の予算を減らしてカバーすれば問題ありません。使った金額を把握できるよう、食費専用の財布をつくるのもおすすめです。

3．計画的に献立を考える

食材のムダを減らすためには、夕食の献立を計画的に立てることも有効です。

1週間程度考えておけば、「玉ねぎは1日目、2日目、5日目の献立に使えるから2袋買っておこう」というように効率よく買い物ができます。

以上の3カ条を意識するだけでも、食費がかなり節約できるはずです。

“帰ったら洗濯機を回す”お金が貯まる夫婦が「夕食後」にしている習慣

Chapter 02

4

夫婦共働きで、子どもは保育園や学校へ。そんな家庭にとって、朝から洗濯機を回すより、仕事から帰ってから回すほうが、家計にプラスなようです。たかがそんなこと？　と思うでしょうか。じつはそんな些細な積み重ねが、貯金夫婦への第一歩なのです。

4

「夕食を終えたらバラバラ」夫婦の経済損失

共働きの場合、働き方や勤務時間が違うと、夕食後は別の部屋で過ごす……というケースが。

じつは貯まらない夫婦ほど、その傾向が強いと言えます。例えば、持ち帰ってきた仕事を処理したり、自分だけの趣味に没頭したりする時間は必要ですが、家計にはマイナスです。

別々の部屋で過ごせば、各部屋の照明をつけ、エアコンなどを使います。寝るタイミングも違えば、エアコンなどの使用時間が増すのは避けられません。光熱費も膨らんでいくことになるわけです。

一方、夕食後にパートナーと一緒に過ごしたらどうなるか。

リビングで一緒に過ごせば、使うのはリビングの照明やエアコンなどに限られます。寝る時間を夫婦で揃えて、リビングでテレビを見るなどしていると、エアコンなどの使用も最低限ですみますよね。

このように貯まる夫婦は夕食後、同じ空間で過ごすことで光熱費を抑え、かつ、必然的にパートナーと会話が増え、悩みや考えていることを共有しやすくなる利点もあります。

日中より3割ほど安い！　お得な電気プランがある

貯まる夫婦のなかには、夕食後を含めた夜間の電気料金が昼間より安くなるプランを選択している方もいます。共働きだと電気を使用するのは主に夜の時間帯。同時間帯の電気料金が割引になるプランを契約し、電気代の節約につなげているわけです。

夜間の電気料金が割引になるプランは電力会社各社で実施しています。例えば東京電力エナジーパートナーの場合、「夜トクプラン」という名前で「夜トク8」「夜トク12」の2つのプランがあります。

「夜トク8（エイト）」は午後11時から翌午前7時まで、「夜トク12（ジュウニ）」は午後9時から翌午前9時までの電気料金がおトクになります。

1kWhあたりの電気料金は以下です（以下の情報は2024年2月時点でのものです）。

◆「夜トク8（エイト）」

●午後11時から翌午前7時まで→31・84円
●午前7時から午後11時まで→42・80円
●基本料金　230・67円

◆「夜トク12（ジュウニ）」

●午後9時から翌午前9時まで→33・53円

●午前9時から午後9時まで→44・36円

●基本料金　230・67円

比較すると、「夜トク8」「夜トク12」ともに、日中に比べて3割程度も夜間の電気料金が安いのがわかります。ただし、夜間の電気料金が割引される分、昼間の電気料金は割高になる点は要注意でしょう。

ちなみに、東京電力エナジーパートナーの「スタンダードS」（ブレーカー契約の定額制）プランの料金は以下。電気使用量が増えるにつれて、1kWhあたりの電気料金が高くなることがわかります。

◆スタンダードS（昼と夜同額で）

●120kWhまで30・00円

●121〜300kWhまで36・60円

●301kWh超は40・69円

●基本料金　295・24円（10Aにつき）

貯蓄が上手な夫婦の夕食後の習慣のひとつとして、見習うべきかもしれませんね。

「ちょっと5000円貸してくれない?」夫の急な用立てはなぜ警戒すべきなのか

Chapter 02

5

子どもを寝かせて夫婦でのんびりとリビングで過ごしていたら、夫から「ちょっと5000円貸してくれない?」と言われた。妻は「いいよ」と即答してお金を渡す……。ありそうなケースですが、実は慎重になるべきだそうです。

5

「数千円くらいなら」には用心を

「悪いんだけど、5000円だけ貸してくれない？　ちょっと手持ちがなくてさ」

パートナーにそう言われた場合、「数千円くらいなら」と、何の疑問も持たずに貸してしまうかもしれません。しかし、見逃してはいけません。パートナーが数千円を借りようとするのは、どんな事情であれ数千円すら持っていないから。その裏には大きな借金が隠れている可能性もあります。

実際、私のもとには、パートナーに隠れて数百万円の借金を背負って、困っている人が数多く訪れます。その理由は多種多様です。

ギャンブルや風俗につぎ込んだ、毎晩飲み歩いていた、買い物依存になりブランド品を買い漁っていた、アイドルや声優にハマってグッズを過剰に収集していた……。

これは独身に限ったことでなく、子どもがいる人も同様です。しかも、派手な人ではなく、〝見た目が地味な人〟にも多く見られた現象。人間、誰が借金をしているかはわからないのです。

借金苦はどうやって始まるのでしょう？　その多くは「クレジットカード払い」からです。

1回払いでは払いきれなくなると、分割払いやリボ払いを使うように。

それでも返せなくなると、キャッシング枠を利用したり、消費者金融からお金を借りたり。さらに借りるところがなくなれば、怪しげなところでカードのショッピング枠を現金化したり、ということも。金利は高いので借金は膨らみ、返済不能になるパターンがほとんどです。

かつては借金をすると残額などを知らせるハガキが自宅に届いて、早い段階で家族が気づくチャンスがありました。いまはネット上で確認するのが一般的なので、借金もバレにくく、手遅れになってから発覚することが多いのです。

借金は「夫婦」の連帯責任になる……

パートナーが積み重ねた数百万円の借金。「自分でどうにかしてね」と突き放せれば良いのですが、そうもいきません。法的な責任は生じなくても、夫婦という経済共同体としての責任はかかります。

「ちょっとお金を貸して」と言われたすべてのケースで借金があるわけではありませんが、最悪の事態を招かないためには、たとえ少額だとしても何に使うのかを聞きましょう。

そのときに注意したいのは、相手を追い詰めるような言い方をしないこと。追い詰めてしまうと、「もう言えない」と考え、ますます隠すようになりがち。

そうして、実の親にお金を借り始める人もしばしば見かけます。あくまで冷静さを保って聞きましょう。借金があることがわかったら、どうすれば返せるかを話し合うだけでなく、再び借金をつくらないよう、手を打ちましょう。

実践してほしいのは、借金の恐ろしさを「数字」を使って伝えること。私は借金苦に悩む相談者に対して、借り入れ金額と金利から、「返済金額」を数字で表すようにしています。

例えば300万円を借りた場合で金利が15%なら、3年間の返済額は370万円以上で、「70万円以上負債が増える」ことを伝えます。そうすると、借金をした方も、将来、自分が背負う損失の大きさを実感し、向き合うようになります。

借金をしてしまう人は、誰かに止めてほしいと思っているものです。

怒らずに、冷静に話し合おうとすれば、パートナーも聞く耳を持ってくれるはずです。

パートナーからの「5000円貸してくれない？」に警戒すべき理由

01

大きな借金が隠されている
可能性がある

02

消費者金融を利用している
可能性がある

03

借金は**夫婦の連帯責任**になる
可能性がある

Chapter 02

6

「今月はお金がピンチ……」親に借りたりキャッシングよりも、健全な方法とは?

家賃や住宅ローン、水道光熱費にクレジットカードの支払い。ときには口座の残高がピンチになることも。とはいえ、親にも言いづらいし、キャッシングに頼るのも怖い。「今月は本当にヤバい……」。そんなとき、あと数万円、どうやって工面すればいい?

お金がないときに工面する方法のトップ3とは？

支払いが重なって手持ちの現金がたりない。そんな時、皆さんならどうしますか？　共通ポイント事業などを展開する株式会社ネットマイルの2023年11月のアンケート調査によると、お金が必要・借りることを検討した時の対処方法について、「カードローンの利用」がトップで27・8%、以下、「キャッシングの利用」(19・6%)、「家族や友人に借りる」(16・1%)、「単発バイト」(11・9%)、「質屋で借入」(8・7%)、「不用品の売却」(5・9%)などが続きました。

しかし、親には借りづらいし、売れるものがないとアンケートの5～6位の手は打てない人もいるでしょう。かといって、2位のキャッシングも自分をコントロールできる人でないと、借りるクセがつき、借金がかさむ負のスパイラルに入りかねません。

その例が、20代のころの私です。ちょっとだけ借りるつもりが、どんどん借りる金額が増えてしまいました。なんとか返済できましたが、つらかったです……。

キャッシングよりも「契約者貸付」がおすすめ

キャッシングは最後の手段。その前にできることを考えましょう。例えば、あまり知られていない

のが、「生命保険の契約者貸付」です。これは、終身保険や学資保険、個人年金保険など、解約返還金があるタイプの保険に入っている人が利用できる制度です。解約返還金のうち、決められた割合の金額まで、お金が借りられます。

割合は保険会社や保険の種類によって異なります。たとえば住友生命の場合は、該当する保険なら解約返還金の一部を借りることが可能です。

借りている期間は利息が発生しますが、キャッシングほど高利率ではありません。借りたお金を返せば、払い込んだ保険料は元に戻ります。

200万円借りられる？ 銀行の「総合口座当座貸越」

銀行にも、生命保険会社の契約者貸付と似た、「総合口座当座貸越」というサービスがあります。口座残高が不足した状態で出金したり、自動引き落としがあったりした場合、定期預金を担保に、不足分のお金を自動的に貸してもらえます。

たとえば、住信SBIネット銀行では、同一口座内に預け入れている円定期預金残高の90%か200万円、どちらか少ない額を上限に借りられます。

利率も年1・675%です。ただし、生命保険の契約者貸付も銀行の総合口座当座貸越も、利率が低いとはいえ、自分のお金をわざわざ利息を払って借りるような話ですから、お得とはいえません。あくまで奥の手として考えたほうが良いでしょう。

ちなみに、銀行では、定期預金がなくても口座残高が不足したときに自動融資を受けられるサービスがあります。ただし、この場合はカードローンで融資を受けることになるので、カードローンの高い利率が適用されます。

「総合口座当座貸越」と混同しやすいので、気をつけましょう。

参考/ネットマイル「お金に関するアンケート」 https://kyodonewsprwire.jp/release/202312124187

Chapter 02

7

離婚原因ワースト3の「お金の○○をしない」は闇が深すぎる件

日本人の離婚原因の1位は「性格が合わない」、2位が「精神的に虐待する」は、多くの人も想像がつく原因だと思います。しかし、3位は意外なものでした。お金について、どう向き合うか？　夫婦の価値観についても考えさせられるのが、今回のテーマです。

DVや浮気よりも「お金の問題」が離婚を加速させる

司法統計では、毎年、全国の家庭裁判所に寄せられた婚姻関係事件の申し立ての動機について調査をしています（主な動機を3件選択）。令和2年度（2020年度）では、動機の1位は「性格が合わない」で、2位は「精神的に虐待する」。3位は「生活費を渡さない」でした。

「生活費を渡さない」という問題は、妻が専業主婦かパートで、夫の稼ぎが家計の多くを占めている家庭で起きていることが多いでしょう。これは「暴力をふるう」や「異性関係」を上回っています。

「夫が生活費を渡してくれない」という悩みを抱える人が何人も相談にきました。家計をやりくりするのに必要な金額を渡してくれないというのです。夫が高収入で、妻が専業主婦かパートのケースが多い印象です。

さらに、**夫が家計を管理しているのもこのタイプの夫婦の特徴です。「住宅ローンや教育費は僕が管理するし、貯金しておく。君は生活費だけをやりくりしてくれればいい」といって、生活費だけを渡されるのです。**

ある家庭では、生活費が最低でも月々10万円はかかるのに、その半分程度しか与えられていないといった状況でした。どう考えてもやりくりはムリなのですが、「お金がたりない」と妻が相談すると、夫は妻を責め立てます。それに対し、妻は夫に反論するどころか、自分を責めることが少なくありません。生活費の大半を稼いでもらっている負い目から言い返せないのですね。

しかし、生活を切り詰めるのにも限界があり、生活費はたりなくなります。そうすると、多くの女性はやむを得ずキャッシングをしたり、実家にお金を借りたりすることに。

たとえ相手側に多少の非があっても、生活費が十分に渡されないためにキャッシングまでするのは異常です。**このような状況に陥る場合、まずは生活費の金額を正確に計算します。不足額を数字でわかるようにして、夫に理由を説明して、生活費に関しての交渉が必要になります。**

しかし、「そんなはずはない。努力が足りない」と耳を傾けてくれないこともあるでしょう。そうなると、これは明らかな経済的DVです。離婚を視野に入れるしかないでしょう。

もちろん、すべての人がそうとは限りません。しかし、収入の多寡にかかわらず、支出や収入などオープンに相談し合えることが、健全な夫婦関係を築く第一歩なのではないでしょうか。

お金が貯まらない夫婦の特徴「3位は他責型、2位は“つもり”夫婦」

Chapter 02

8

「お金が貯まらない夫婦には、ワースト３のパターンが存在する」と言います。節約などの努力は日々しているのに、なぜかお金が貯まらない。ワースト３の特徴を見ていくと、「たしかに……」と、当てはまる夫婦も多いのではないでしょうか。

8 「世間や人のせいにする夫婦」ほど貯まらない現実

家計相談で話を聞くと、皆さん、お金を貯める努力はされています。それでも、なかなか貯まらないご夫婦がいますが、共通するのは「ちょっとした〝スキ〟」が心に潜んでいること。その弱みが足かせとなり、お金が貯まらない家計から抜け出せません。

では、どんな弱みを持っているのか。家計相談の経験を踏まえ、貧乏夫婦の典型例ワースト3について、特徴と改善策を紹介します。まずは「仕方ない&他責」夫婦です。

このタイプの特徴は「収入が少ない」「物価が高い」「仕事が忙しい」とやりくりできない理由を挙げ、だから「仕方ない」と自分を納得させます。結果、いまの支出が特別多いわけではなく、「普通」ととらえます。

加えて、「自分は頑張っているのに、パートナーがムダ遣いしている」「給料が上がらないのが悪い」など、**自分以外の人や周囲の事象に責任転嫁します。そんなあきらめモードの他責思考を改め、自分の責任で物事をとらえるようにするのが家計改善の第一歩です。**

その上でパートナーと話し合って支出に優先順位をつけ、メリハリを出します。するとと夫婦共通の価値観が見いだされ、家計のやりくりも貯金もうまくいくようになるでしょう。

節約している「つもり夫婦」に欠けていること

2例目は「つもり」夫婦です。このタイプの特徴はムダ遣いをしていないはずなのに、気がついたらお金がなくなっている……。節約しているつもりなのに、効果が薄い。

そんな〝つもり〟の日々を送り、家計がうまく回りません。

そんな夫婦はお金やモノの管理が苦手。買い物では衝動買いやダブり買いのミスを犯しがちです。おすすめは、家計簿をつけること。簡単なものでいいので習慣づけて、支出を大雑把でも把握することをすすめています。

いっぽうで、買い物の際は本当に必要か考えて購入することと、事前の在庫チェックを習慣化するように。支出を徹底管理できれば、貯まる家計に生まれ変われるでしょう。

最もダメなのは、「ワンランク上」志向の夫婦です。世帯年収に対し、ちょっと背伸びしたワンランク上の商品やサービスを好みます。

ひとつひとつの費目が突出して多いわけではありません。

食費、被服費、日用品費など全体的に支出過多となっている、いわゆる〝メタボ家計〟の状態。贅沢をしているわけではないものの、「少しでもいいもの」にこだわりがあります。

それが生活全般へ波及し、いつのまにか家計は火の車に。

改善策としては、選択する商品やサービスに価格に見合った価値があるかを見極めること。また、こだわりを持ち続けるなら、「衣食住のなかでは食を重視」など、軸を決めて他の支出を抑えるようにしましょう。

そうすれば、貯まる家計に切り替わるはずです。

いかがでしたか。どのパターンも改善すれば必ず成果は表れます。行動して節約の効果を実感しましょう！

お金が貯まらない夫婦の特徴

01

収入や貯金の少なさを「しかたない」とあきらめている

02

ダブり買いをしやすい、管理が苦手

03

「ちょっとした贅沢」に罪悪感がない

横山家の"子どもに伝えている"マネー教育トーク2

毎月「お小遣い」をあげるメリットと注意点

「お小遣い」を渡すことは子どものためになる、と私は考えています。子どもがお金の使い方を学ぶ上で格好の教材になるからです。欲しいものがあれば、お小遣いの中でやりくりして買うルールを決めることで、子どもは「使えるお金には限りがある」「ムダなものを買うと、本当に必要なものが買えなくなる」ことを学びます。

横山家でも、小学校3年生から高校を卒業するまで、毎月お小遣いを渡しています。分別がつく年齢と考えると、小学校3〜4年生からが適切でしょう。ただし、いきなり放任するのはおすすめしません。放任はトラブルの元にもなります。たとえば、調子に乗って友だちにおごっていると、たかられるようになることも。それがエスカレートして、こっそり家のお金を持ち出す可能性はゼロではありません。お金を持たせると想像以上のことが起こりかねないのが、お金の恐ろしさです。

オススメは子どもに「お小遣い帳」をつけさせることです。簡単な収支をつけるだけでも、何を買ったのかが一目瞭然に。あとは月1回程度、お小遣い帳を見て、子どもと話し合いましょう。そうすれば、子どもは何がムダづかいだったのかを学び、よりお金を大事に使うようになります。最近は、交通系ICカードにチャージして、子どもに持たせる親もいるかと思います。便利ですが、横山家では中学生までは電車の乗り降り限定で使い、買い物はしないルールに。交通系ICカードに限らず、キャッシュレスの仕組みはお金の動きが目に見えず、使っている実感が湧きにくいからです。お金の使い方を教育することを考えたら、子どものうちは現金を使うほうが良いでしょう。

第3章

Chapter

03

「家計のやりくり」で盲点になりがちなこと

「なんかお金が減っている」「貯めているつもりなのに……」そんな家庭こそ、出費に関してズレが生まれている可能性もあります。盲点になりがちな家計のやりくりをまとめました。

「電気代やガス代よりも」貯まらない夫婦が使いすぎている3つの支出

Chapter 03

1

「ガス代がどんどん値上がる」「外食代も高くなったな……」こうした印象から、電気代やガス代が家計の支出を圧迫しているようにも思えます。しかし、ふだんから見えにくい３つの支出こそが、家計の足かせに。その原因と注意点を解説します。

電気やガス代よりも注意すべき料金とは？

物価が高騰するなか、エネルギー価格の上昇も激しく、電気代やガス代の値上がりを実感している人は多いのではないでしょうか。

最近の家計相談の傾向を踏まえると、光熱費は家計圧迫の上位に位置しますが、それ以上にネックになっているのが、水道代です。

多くの水道局では、2カ月分の上下水道の使用料金をまとめて請求する仕組みになっています。水道代も値上がりしていて、相談を受けるお客様のなかにはその金額（2カ月分）が3万円を超える例も珍しくありません。

私見ですが、3～4人家族で1カ月あたり1万2000円を超えたら高い部類に入るでしょう。

水道事業は水道料金収入をもとに自治体ごとに運営されており、設備の老朽化が値上げの一番の理由のようです。多くの自治体で耐用年数を超えた水道管の交換工事を迫られ、値上げをせざるを得なくなっています。

そんななか、水道代に対する節約意識は低い気がしてなりません。電気はこまめに消すけど、水道は流しっぱなしで使うなど、コストととらえる意識が低いようです。

固定費のなかで低金利の「住宅ローン」が最難関

次に警戒するのは固定費です。収入の中から毎月一定金額を差し引かれるのが固定費の痛いところですね。

夫婦や家族単位でかかる固定費もあるため、支出過多は避けられません。該当するのは、家賃または住宅ローン、生命保険料、教育費、スマホ代など。なかでも削減しづらいのは住宅ローンでしょう。

低金利の現状では、借り換えしても効果があまり得られないからです。賃貸で家賃が高い場合は引っ越す手もありますが、持ち家だとそう簡単にはいきません。

生命保険料やスマホ代は見直しができます。保険でいえば、不要な保障のカットや他社への切り替え、スマホでいえばプラン変更や格安スマホへの乗り換えなどで削減できるわけです。

教育費はご家庭それぞれの考えがあり、私たちはその意向に沿ったアドバイスをしています。教育費を厚くしたいなら他の費目の見直し、教育費を下げたいなら削減策を提案するスタンスです。

ただ、夫婦共働きで世帯年収が１０００万円以上あっても、教育費のかけすぎは好ましくありません。

家計に余裕があると教育にお金をかけ、負担増となりがちに。パワーカップルほど「教育費貧乏」に陥りやすいので注意が必要でしょう。

最後は変動費のなかの「食費」です。食費の管理がゆるく予算オーバーな世帯ほど、家計全体のやりくりもできないという傾向を感じます。その原因はちょっとした贅沢思考から。

調味料だけはいいものを使うなどは典型例。

お取り寄せなどのネット宅配を利用するのもよく聞く話ですが、本人がちょっとした贅沢と感じなくなったら危険ですね。

水道代、固定費、食費。いずれの費目の支出が負担となっていないか、チェックしてみてはいかがでしょう。

「食費」って、月収の何割に抑えるのが理想？

Chapter 03

2

「3人家族で食費は月４万円」など、マネー雑誌やニュースを見て、「我が家は……」と思うこともあるかもしれません。「平均額がいくら」といわれても、ピンとこない。でも、食費の理想を目指して私が掲げる3つの提案は、ラクに実践できるでしょう。

２万６０００件以上の家計相談でわかった理想的な「食費」の割合

これまで２万６０００件以上の家計相談を受けてきたなかから、「理想的な家計の支出の割合」を導き出していくと、家族構成によっても異なりますが、食費の割合は「手取り月収の12〜15％」です。

夫婦と小学生未満の子どもが２人いる４人家族の場合なら、お子さんの食べる量が少ないはずですから「12％」が目安です。世帯の手取りの月収が40万円だとしたら、１か月の食費は４万８０００円以内に抑えるのが理想的ですね。

子どもが中学・高校生の場合は、理想を言えば、15％ですが、最大でも17％台が限界です。

これ以上だと、支出における食費の割合が多すぎます。

現状と照らし合わせてみて、使いすぎているようなら食費の節約が必要です。

これらはあくまで理想で、実現するのは厳しい数字かもしれませんが、できるだけ近づくように努力してみてください。

「週の予算」で考えるとやりくり上手になれる

食費を抑えるためのポイントは、まず、「予算をきちんと決めること」です。**ポイントは、1カ月ではなく「1週間」の予算を決めること。**

理想の支出の割合から導き出した食費の予算が「月5万円」だとしたら、5週間で割って、「1週間で1万円」というように、週に落とし込みましょう。

こうして短いスパンで予算を管理したほうが、「残りどれだけ使えるのか」がハッキリして、使いすぎを防ぎやすくなります。

「今日3000円買ったから、今月はあと4万7000円に抑えよう」よりも、「今日3000円買ったから、今週は残り7000円でやりくりしよう」のほうが、わかりやすいはずです。

また、「食費専用財布」を用意するのもおすすめです。

買い物に行く時には、1週間分の予算額だけしか入れないようにします。

すると、そのお金のなかでやりくりするしかなくなるので、自然と買い物を工夫するようになります。

徐々に食費を減らせばリバウンドしない

あとは、「ムリをしないこと」も大切です。

急に食費を減らすと、リバウンドします。以前、3人家族で食費を月8万円使っている相談者の方に、使いすぎを指摘したところ、次回の相談時に、半分の月4万円近くまで削ってきたことがありました。

なぜそこまで減らせたかというと、単純に食べる量を減らしたから。しかし、家族から大ブーイングだったそうです。これでは不満がたまり、長続きしません。

大切なのは続けること。そのためには極端なことをせず、少しずつ予算を削ることが重要です。月8万円を食費に使っているなら、「今月は7万円」「来月は6万5000円」というように、徐々に減らしていけばムリなく節約を続けられるでしょう。

「この夏を乗りきるには？」ラクにできる節電ともったいない節電の違い

Chapter 03

3

ここ数年、電気代はあがるいっぽうです。どの家庭でも、多かれ少なかれ節電を意識しているでしょう。とはいえ、「エアコンは使わない」など、極端な対策はメンタルにこたえます。そんな中、簡単、かつ、確実に効果が上がる方法があると言います。

エアコン代を節電する「1アクション」とは？

照明やテレビをこまめに消す。使わない家電製品はコンセントから抜く……。これら定番の節電をしている人も多いでしょう。

でも、このやり方はそのつど意識して実行する必要があり、手間もかかります。

時間が経てば「忘れた」「面倒くさい」となって、長続きしない……。結果的に報われない節電となってしまいがちです。

対して、〝**報われる節電**〟があります。**「1回」やれば節電効果が長続きする方法です。**手間もかかり効果の低い節電をするか、1アクションで効果の高い節電をするか。

優先すべきは明らかですよね。

ラクにできて効果的な節電方法とは何でしょうか。

夏のシーズン、家庭で最も電気を消費する機器は何だと思いますか？

経済産業省資源エネルギー庁の調査によると、トップ3は「エアコン、照明、冷蔵庫」（夏季19時頃、本州、四国、九州の場合）。

なかでもエアコンは、電気使用量全体の約4割を占めます。そのため、節電のメインターゲットはエアコンになります。方法は簡単で、フィルター掃除をするだけです。

面倒に感じて先送りにしがちですが、夏に1～2回、フィルターを取りはずし、ホコリを掃除機で吸い取ったり、水で洗い流したりすればいいだけ（掃除方法は説明書で確認を）。

掃除によって目詰まりが除かれ、省エネとともに年間約860円の節約になると言われています（経済産業省資源エネルギー庁試算）。加えて、フィルターがキレイになると、エアコンの効き目も必然的にアップ。効きがよくなれば、極端に設定温度を下げる必要もなくなり、ダブルの節電効果を望めるわけです。

年間2万円の節電を達成する王道テクニック

次は電気代を根本から抑える節電の有効策です。ひとつは基本として、電気の契約アンペア数を変更すること。契約アンペア数の数値は請求書で確認でき、「30A」「40A」などと記載されています。電気料金とも関連し、アンペア数が高くなるほど電気代の基本料金が高くなる仕組みです。

必要以上のアンペア数で契約していた場合に引き下げを行えば、電気の最大使用量と電気代を抑えられるのです。例えば、東京電力エナジーパートナーの一般的な電気料金プラン「従量電灯B」の場合、アンペア数を50A→40A、40A→30Aに変更すると、どちらも基本料金が年間で約3500円の節約に（月額約295円安くなる計算）。

契約変更にはメーターの取り換え工事を必要としますが、費用は原則無料で1回の手続きですみます。

もうひとつは、電力会社自体を見直すこと。2016年の電力自由化以降、多くの企業が電力事業に参入。多種多様な電気料金プランを打ち出しています。

電気の使い方に応じたプランを選択すれば、使用量が最適化されるため、節電と電気代の節約につながるのです。

また、電気料金以外の他社サービスと組み合わせた料金プランも用意されていて、「電気＋ガス」「電気＋光回線」など、セットにした場合は料金割引の特典がつきます。回線とのセットは2年などの期間縛りがつくことがありますが、それが気にならない方にはメリットでしょう。

国内最大級の電気・ガス料金の比較サイト『エネチェンジ』によると、電力会社の変更で年間平均2万5009円の節約になるケースもあるようです。

私たちの家計相談のお客様でも、電力会社の切り替えにより年間数万円の節約になった例を聞いています。

申し込み手続きはインターネットで可能です。契約している会社の解約手続きなどの手間はなく、費用無料のメーターの交換程度ですみます。多くはホームページで電気代のシミュレーションも行えるので、切り替えの効果を確認してから申し込んだほうが安心ですね。

そのほか、省エネ家電への買い替えもひとつの方法です。近年の電化製品は性能が向上しているため、古いエアコンや冷蔵庫を最新式の省エネタイプにすれば、節電＋電気代の節約効果は大きいはず。

ただし、無計画な買い替えはかえって損となりかねません。

長年使用し調子が悪い場合など、タイミングを考慮して、電気料金の高騰を「報われる節電」で乗りきりましょう！

月2万〜3万円の隠れ支出の正体!?「サブスク貧乏」を防ぐには?

Chapter 03

4

音楽や動画など、毎月、定額の料金を支払って使い放題に利用できる「サブスク」。便利だからと、気軽に加入した結果、「使っていない」のに毎月、お金を払い続けている人も。一度、入ったらそのままになりがちな「サブスク貧乏」にならないためには?

4

サブスクで損をする原因のひとつに、あのうっかりが……

定番の動画や音楽配信に加えて、電子書籍の読み放題、ゲームの遊び放題。最近では、カフェの利用やおもちゃやファッションの定額利用にまで、サブスクは広がっています。

利用者も急増中で、リサーチ会社のマイボイスコムの2023年2月の調査（※1）によると、直近1年間のサブスクリプション利用者数は2019年にくらべて13・4％上昇し、31・6％にまで達したようです。私も、動画の配信サービスや雑誌の読み放題サービスなどを利用しています。

ただ、サブスクは便利な半面、ムダ遣いの温床になるとも感じています。

入会したけれども、あまり利用していない。だけど、解約するのを忘れて、お金をズルズルと払い続ける……ということは起こりがちです。

なかには、「入会したことさえ忘れて、お金だけが引き落とされていた」という人もいます。

ひとつひとつのサービスは安価でも、複数のサービスを利用すると金額はかさみます。

保険マンモス株式会社の2022年4月の調査（※2）によると、**1カ月あたりのサブスク利用料金は1000円以下が64・5％を占めていますが、2000円以上支払う人も11・4％に上っていま**

した。

チリも積もれば山となり、年間にならせば2万〜3万円に。

ほかのことで節約していても、サブスクでムダ遣いをしていてはプラスマイナスゼロ。使っていないサブスクがないか、点検しましょう。

サブスクの状況をチェックするには、どんなサービスを使っているのか、一覧表をつくり、使っていないサブスクがないかを月1回、定期的にチェックするだけ。**「サブスク点検の日」をカレンダーのリマインダー機能で知らせるようにすれば、忘れずにすみます。**

一覧表をつくる別のメリットは、家族間で同じサービスに重複して入っていることに気づけることです。ものによっては、ひとつに絞っても良いかもしれません。

割引率が高い「年契約」よりも月契約がいいわけ

サブスクで損をしないためには、**契約期間を「年単位」ではなく「月単位」にすることも検討しましょう。サブスクは年単位で契約したほうが、利用料が安くなる場合があります。ただし、途中で辞めたくなったときに残りの分は返金されません。**長く使い続けるかわからない時点では、月単位で契約したほうが無難です。

また、年単位の契約だと、「これだけ払ったから、途中でやめるのはもったいない」と、ズルズル入り続けてしまうことにもつながります。それで解約をし忘れて、さらにもう1年分、利用料が引き落とされたら、さらに余計な出費をすることに。

やめたいと思ったサービスはすぐにやめたほうが、お金のムダ遣いをしないですむでしょう。

※1／マイボイスコム「定額制サービス（サブスクリプション）」に関するアンケート調査　https://myel.myvoice.jp/products/detail.php?product_id=29504

※2／保険マンモス「サブスクについてのアンケート（自社調べ）」https://prtimes.jp/main/html/rd/p/000000044.000096733.html

夏に意外とかかる！「電気代よりもピンチ」な出費の正体

Chapter 03

5

夏になると必ずといっていいほど、「電気代」が話題にのぼります。近年の電気代高騰もひとつの原因でしょう。でも、「要注意の支出が別にある」と私は考えます。これは2万6000件もの家計相談で見えてきたひとつの真実です。

5

「暑いからシャワー」の人ほど水道代に注意

近年は大手電力7社の電気料金が値上げされるなど家計の大きな負担に。夏はエアコンの利用など電力需要が高まるいっぽう、節電意識をもつ人も多いでしょう。

夏に電気代より注意しなければならないのは、別の支出です。**相談例を分析すると、夏はとくに「水回り」の支出に対する意識が低いように感じました。**

暑さでお風呂よりシャワーを選び、家族が1日に何回もシャワーを浴びる家庭は少なくないのではないでしょうか。朝起きて汗でベタベタだからとシャワー、帰宅後も汗を流すためにシャワー、就寝前にさっぱりするためにシャワーといった感じです。

シャワーは3分で約36リットルの水を使います。お風呂1回分が140〜200リットル程度ですから、ゆっくり20分近くシャワーを浴びると、お風呂1回分の水道代を上回ります。

シャワーだけではありません。夏は汗をかいて衣類の着替えが多くなり、それにともなって洗濯の回数も多くなりがちに。

郊外や地方の場合、持ち家の庭に毎日水をまいたり、子どもの水遊び用にプールを作ったりと、水道を必要以上に使うケースも考えられるでしょう。

夏休みに子どもが家にいることで増える出費とは

ほかでは、夏休みで学校が休みの間、子どもが家にいることで昼ご飯を作ったり、たまに外食になったり。ほかの月より食費がアップするという相談者の声をよく聞きます。

食費のほかに、子どもが塾に通う場合は夏期講習にかかるお金の負担が重いようです。

教育費は聖域化しがちなだけに、気づけば、ひと夏でウン十万円かかるというケースもあるようです。

さらに、統計データからわかった要注意の支出があります。

総務庁の家計調査では、炭酸飲料、コーヒー、ミネラルウォーターなどの飲料支出額が7～8月に突出して増えています。

以上のように、夏に無意識に増える支出はたくさんあります。

頭に入れておき、意識してブレーキをかけるようにしましょう。

Chapter 03

6

家、車、家電……大きな買い物をする前に見極めること

大きな買い物ほど失敗したくないと思いつつ、買った後からムダな出費と気づいて後悔することも。そんな失敗をしないために、ひとつの判断基準があります。なるほど、この方法ならムダな支出はなくなりそう。今日から始めたいですね。

「欲しい」ものを「必要」と錯覚する心理

大きな買い物は家計に響くため、慎重に検討するのが鉄則です。にもかかわらず、購入してから「失敗したなあ」「お金のムダだったなあ」と、後悔した経験を持つ人が多いのではないでしょうか。

なぜか？　**大きな買い物をする前に、「ニーズ」と「ウォンツ」を見極められていないことが考えられます。**

「必要だから買う」がニーズ、「欲しいから買う」がウォンツ。ニーズの行動が正解なのは言うまでもありません。

ウォンツの行動は浪費。後悔を生む痛い出費につながります。でも、ニーズとウォンツを自分で区別するのが容易ではないのです。

例えば、欲しいものであればあるほど、「必要な」理由が頭の中に浮かんだりしませんか？　すると、必要性がふくらみ、「欲しい」から「必要な」ものへと錯覚して買いたい衝動にかられます。

結果、大きな買い物でも慎重な判断ができなくなるわけです。

ですから、買い物前にニーズとウォンツを意識し、両者がせめぎ合うときには、本当に必要かを突き詰めて考えてください。

「必要なもの」でもムダな買い物になるケースも

本当に必要と判断しても、即購入することは得策ではありません。

さらに見極めるためのステップがあります。

必要なものが「高い性能や機能」などを満たしていなければならないかどうかの見極めです。

当然ながら高性能・高機能なものほど値段は高くなります。

冷蔵庫や洗濯機にしても、機能が充実した商品は高価で、それらは新製品として売り出されているため、魅力的に感じる人は多いと思います。

でも、必ずしも高性能・高機能なものが必要とは限りません。前述したとおり必要な理由が頭の中に浮かび、衝動にかられて購入したものの、〝使いこなせなくてムダだった〟となりかねないのです。

したがって、必要と判断してもさらに一歩踏み込み、「そこまで高性能なものは必要？」「使いこなせるの?」などと、自問自答してみましょう。

かくいう私も失敗した経験があります。

私の家には、高性能かつ高価な一眼レフのデジタルカメラがあります。

私が家族に「家族の写真がキレイに撮れる」「子どもたちの成長の記録が残せる」と必要性をアピールし、購入したものです。

しかし、いざ手に入れると、使うのは年に1~2回。宝の持ち腐れで、家族から「部屋の隅に置きっぱなしだよね」などと小言を言われる始末に……。反省しています。

なぜ、冬の出費に気をつけないとお金が貯まらないのか？

Chapter 03

7

「冬の過ごし方」も貯金には影響があるようです。とはえい、出費をガマンして過ごすのも面倒。私はお金を使う「前段階」がポイントだと思っています。しかも、「ムダ遣いOK」な方法なのです。これならストレスなく実践できますね。

光熱費、お祝い、新春セール……。冬は出費がかさむ時期

冬は四季のなかで最も出費が増える季節です。暖房を使うことで光熱費が上がり、体調を崩しやすく、医療費も増える傾向です。また、お年玉やクリスマスプレゼント、親戚の進学祝いなどの臨時出費もかさみます。

新春セールにつられて、財布の紐がゆるくなる人もいるでしょう。私も、昨年の正月、なぜか、近所の雑貨店でモフモフの肌触りが楽しめる雑貨の福袋が欲しくなり、つい衝動買いしました。家に帰って開けてみると、自分のような中年男性が使うような商品ではなく、娘にあげてしまいましたが……。ふだんから家計相談に乗る立場の私も、こういうことがたまにあります（笑）。

コロナ以降、外出が減って出費も下がった人も多いと思いますが、反対に「外出できないのなら、せめて自宅で楽しもう」と、食費や娯楽費にお金をたくさん使っている人も見かけます。

「ボーナスをもらったから大丈夫」と大船に乗った気分でいると、いつのまにか使い切っていたなんてケースも……。ほかの時期にコツコツ貯めたお金をすべて吐き出してしまったら、努力が水の泡です。

7 出費を「ガマンしない人」ほど貯金できる？

お金が貯まる人は、どのように冬の出費を抑えているのでしょうか。

私はこれまで2万6000件以上の家計相談をしてきましたが、**冬の出費を抑えるのが上手な人は、意外とガマンをしていません。**

少なくとも、暖房をつけるのをケチって、布団にくるまるタイプではありません。それなりにお金を使っています。

なぜ、それで**出費を抑えられるかといえば、「冬の予算」を決めているからです。**

「冬はある程度出費が増えるから仕方ないよね」と、増えることを見込んで、他の季節よりも予算を多めに設定している方が多いのです。

やみくもに予算を多めにするのではなく、「お年玉をあげるのは5人だから、2万~3万円程度かかる」「光熱費は昨年の額から予測して、2万円はかかる」と、予定支出から割り出して予算を組みます。新春セールなどで使う金額も、上限額を決めています。

これらの予算は冬だけでなく、1年間をトータルで見て、自分の収入と相談しながら立てています。

だから年間を通してバランスよく使えるのです。

私のおすすめは、「浪費をしていい金額」も決めて、その範囲内なら自由に使っていい、とすること。切り詰めすぎると続かなくなるので、冬の予算の５％程度は浪費をＯＫにする（特別に大きな支出がある場合はそれを除く）。

そうすれば、ストレスも発散でき、勢いで大きな浪費をするようなことはなくなるはずです。

横山家の“子どもに伝えている”マネー教育トーク3

「バイトをしたい」子どもに親が話しておくべき3つの話

子どもが高校生になってバイトをすることに、親としては不安を感じるものです。私自身、高校生の子どもたちを前に、同様の思いをしてきました。その際、働くことの目的、お金の管理や使い方という“3 つの視点 ”から、話をした記憶があります。

まずは「働く目的」についてです。働いて対価を得る経験は大切です。ただ、稼ぐことだけを目的にすると次第に学業がおろそかになり、その点は注意して見守っていました。バイトは社会勉強になり、親以外の大人と接する貴重な機会、「学校とは異なる学びの場」と伝えていました。

2 つ目は「お金の管理」です。横山家ではバイトの給料日に貯金するお金を先に確保し、通帳に残しておくよう話しました。親としての管理は通帳の残額を定期的に見せてもらうだけです。加えて、大きな出費をするときには申告してもらうように。たとえば、友だちと泊まりの旅行に行くケースです。計画的な貯め方や使い方を通じて、お金の管理を学んでほしい思いからでした。

最後は「お金の使い方」です。自分で稼いだバイト代を無意味に使ってしまうのはもったいない。望むのは子どもにとって価値ある使い方でしょう。自分の楽しみや目標達成のために、実のある使い方をするよう伝えました。高校生になれば、友だちとの外食にあてたり、我が家では大学の学費を一部、子どもが負担するルールがあるため、その費用にあてたり、子どもたちなりに充実した生活を実現しています。

なかには、お金の使い方に失敗したケースもありました。欲しかった楽器を買ったものの、長続きせず結局はムダになったときです。でも、失敗もいい経験。「お金の誤った使い方」を経験したことで、成長できたと思っています。

おわりに

「貯金できない」タイプだった私がお金の専門家に

いまでこそお客様の家計再生をお手伝いするファイナンシャルプランナーの仕事をしていますが、もともと私は「貯められない側」の人間でした。

予備校生時代にパチンコにハマり、結婚して仕事に就いたときは深酒の繰り返し。お金を稼いでも、その分、すぐに使ってしまう生活を送っていました。

ファイナンシャルプランナーの資格を取得して地元・札幌で独立してからも、人脈づくりと称して異業種交流会などの宴席の場に多く参加して、気づけばクレジットカードのキャッシング額が100万円に。

30代前半まではダメ人間、お金を稼いでもすぐに手元からなくなる〝問題児〟、だったと思います。

そんな状況下で家計を支えてくれたのが、しっかり者の妻・博美です。妻とお金の会話を重ねたことにより、仕事も家計もうまく回っていったのです。きっかけは私の2つの失態でした。

ひとつは、先ほど述べた通り、私がカードで100万円の借金を抱えたとき。「これで清算して」と、妻から自分で貯めていた100万円を手渡されました。情けない状況にしてしまったし、させてしまった。

もうひとつは、結婚前につきあっていた頃までさかのぼります。彼女名義の高金利の郵便定期預金を無断で使ってしまったことがあり、土下座して謝りました。もっと情けないことですね（汗）。

我が家で始めたオープンな「話し合いの中身」

そういった己の身勝手な姿勢を反面教師にして、その後は家計については「何でもオープン」にして、夫婦や家族で話し合うのが横山家のルールになりました。

家計について妻と話し合う際、私が心がけたのは、14ページなど本文でも触れているように、「相談のスタンス」で臨むこと。

もし、「こうするから」と結論だけを伝えてしまえば、「一人で勝手に決めて……」となり、誰だっていい気はしません。ですから、夫婦共有の議題とするべく、相談を持ちかける形にしました。

妻のほうは、感情的にならないことを意識したと言います。

お金について夫婦で話し合う場面では、感情的になりがちです。お互いにエキサイトしてケンカにつながっていくこともあるでしょう。その弊害を心得ていたのだと思います。

出費に対しても冷静に見極め、資格取得など勉強のためにかかる費用の相談を持ちかけたときには、「そういうお金は必要経費だから」と背中を押してくれました。

また、仕事やつきあいのある相手との飲み会もダメとは言わず、「自己投資と判断できるなら」と、了承してくれました。お金が出ていくのを毛嫌いし、聞く耳を持たず反対ばかりされていたら、衝突していたかもしれません。

前向きなお金の使い方にゴーサインを出してくれた妻には、私を応援する強い気持ちを感じました。その応援に結果を出して応えたい思いが、仕事を頑張る原動力となって好転していったのです。

こうして少しずつ経済的にゆとりを持てるようになるのと同時に、お金に関する夫婦の会話の内容が変わっていきました。

それまでは家計をやりくりし、手元のお金を「どう使う?」という話し合いだったのが、余裕資金を持てるようになってからは、「どう貯める?」「どう増やす?」という話し合いに移行していきました。

「これくらいは現金として持っておこう」

「それ以外は運用に回したほうがよさそうね」

などとすみ分け、iDeCo、NISAをスタートさせたのを記憶しています。

ちょっと話はズレますが、「消費・浪費・投資」は、私がよく口にする支出の三分法です。3つの使い道にしたがって支出を分け、それぞれの割合を調整して家計再生を図るというものです。

この「消・浪・投」理論、じつは家計相談のお客様のアイデアがもとになっています。そのお客様は家計簿の支出の数字に、蛍光ペンで黄、青、赤の色分けでマーキング。黄が普通、青が良い、赤が悪いと、お金の使い方の良し悪しを判定し、家計簿を見返して赤色が多かったら、「今月は家計管理がうまくできなかった」などと反省していました。

私はこれをアレンジし、「消費・浪費・投資」に置き換えたのです。「消費70%、浪費5%、投資25%」の理想的な配分を掲げ、その割合で支出をコントロールすることを提唱しています。

家族みんなが参加する「マネー会議」は子どものひと言がきっかけ

横山家で続けている「マネー会議」。

月に1回、親が収入、支出、貯蓄を家族全員にありのままに報告し、必要なモノ、コトがある者は子どもでもプレゼンテーションを行い、許可するかどうかを家族全員で話し合うというのがマネー会議です。

きっかけは妻と生命保険について話し合い、「保険料高いね、見直そう」と言葉をかわしているときでした。小学校低学年だった長女に、「保険って何？」と聞かれ、病気やケガなど不測の事態による経済的な不安に備えるものだよと説明したら、「そんなものにお金を出しているんだ」と首をかしげていました。子どもなりの判断です。

私はこの感覚が面白く、家計のお金を子どもたちにも早くからオープンにし、必要かどうかの見極めをさせたほうがいいと思ったのです。

以来、スタートした我が家のマネー会議は今年で20年目を迎えています。

最後に、貯まる夫婦の理想的なマネーコミュニケーションの形を示します。

いまはご夫婦の多くが共働きで、夫も妻も経済力を持っている家庭が少なくないでしょう。そうなると、貯金などの蓄えについて、「オレのお金、私のお金」ととらえがちです。

この思考は好ましくありません。夫婦は運命共同体。それぞれの収入の多寡に関係なく、貯めたお金はすべて2人のものと認識すべきです。